Paramahansa Yogananda
(1893-1952)

PARAMAHANSA YOGANANDA

LOVEN OM SUCCES

Brug Åndens kraft

til at skabe

sundhed, rigdom

og lykke

Self-Realization Fellowship
FOUNDED 1920
Paramahansa Yogananda

OM DENNE BOG: *Loven om succes* blev først udgivet i 1944 af Self-Realization Fellowship som brochure og har været i tryk siden. Bogen er oversat til adskillige sprog.

Den originale engelske titel er udgivet af
Self-Realization Fellowship, Los Angeles (Californien):
The Law of Success

ISBN-13: 978-0-87612-150-4
ISBN-10: 0-87612-150-4

Oversat til dansk af Self-Realization Fellowship
Copyright © 2017 Self-Realization Fellowship

Autoriseret af International Publications Council
Self-Realization Fellowship

Self-Realization Fellowships navn og emblem (se ovenfor) findes på alle SRFs bøger, optagelser og andre publikationer, og forsikrer læseren om, at et værk er udgivet af det samfund som Paramahansa Yogananda stiftede og at det nøjagtigt følger hans lære.

Første udgave på dansk af *Self-Realization Fellowship*, 2017
First edition in Danish from Self-Realization Fellowship, 2017

Dette tryk 2017
This printing 2017

ISBN-13: 978-0-87612-651-6
ISBN-10: 0-87612-651-4

1474-J3660

Visest er den, som søger Gud.
Mest succes har den, som har fundet Gud.

- Paramahansa Yogananda

DET ÆDLE NYE

Syng sange som ingen har sunget,

Tænk tanker som aldrig er tænkt,

Betræd stier som ingen har betrådt,

Græd tårer som ingen for Gud har grædt,

Giv fred til dem som ingen anden har givet,

Kræv Ham som din egen, som er fornægtet
allevegne.

Elsk alle med en kærlighed som ingen har følt,
og kæmp modigt

Livets kamp med uformindsket styrke.

MIN GUDDOMMELIGE
FØDSELSRET

———

Herren skabte mig i Sit billede. Først vil jeg søge Ham og sikre mig, at jeg virkelig har kontakt med Ham; dernæst, hvis det er Hans vilje, måtte alle ting – visdom, overflod, sundhed – blive givet mig som en del af min guddommelige fødselsret.

Jeg ønsker mig ubegrænset succes, ikke fra jordiske kilder, men fra Guds almægtige, gavmilde hænder.

LOVEN OM SUCCES

Findes der en kraft, som kan åbenbare hemmelige kilder af rigdomme og uopdagede skatte, som vi end ikke kunne drømme om? Er der en kraft, vi kan kalde på, som giver godt helbred, lykke og åndelig oplysning? Indiens helgener og vismænd siger, at der findes en sådan kraft. De har vist virkningen af sandhedens principper, som også vil virke for dig, hvis du prøver oprigtigt.

Din succes i livet beror ikke kun på talent og træning; den afhænger også af din vilje til at gribe de muligheder, som viser sig for dig. Mulighederne i livet bliver skabt. De kommer ikke tilfældigt. Det er dig selv, som enten nu eller i fortiden (inklusive den fortid, der ligger i tidligere liv), har skabt alle de muligheder, som kommer til dig. Fordi du har fortjent dem, brug dem da på den bedste måde.

Hvis du bruger alle tilgængelige ydre muligheder sammen med dine naturlige evner til at overvinde enhver hindring på din vej, vil du udvikle den styrke, som Gud har givet dig – ubegrænset kraft, som flyder fra dit inderste væsen. Du besidder denne tankens og viljens styrke. Brug disse guddommelige gaver til yderste formåen!

TANKENS KRAFT

———

Du opnår succes eller fiasko alt efter din vanemæssige tankegang. Hvilke er stærkest i dig – vindertanker eller tabertanker? Hvis dit sind for det meste er negativt stemt, er en lejlighedsvis positiv tanke ikke nok til at tiltrække succes. Men hvis du har den rigtige tankegang, vil du opnå dit mål, selvom det virker, som om du tilsyneladende er indhyllet i mørke.

Du alene er ansvarlig for dig selv. Ingen anden kan stå til regnskab for dine handlinger, når opgørets time kommer. Dit arbejde i verden – i de omgivelser, hvor din karma (dine egne handlinger i fortiden) har placeret dig – kan kun udføres af én person – dig selv. Og man vil kun kunne benævne dit arbejde som en succes, hvis det på én eller anden måde tjener dine medmennesker.

Beskæftig ikke hele tiden dine tanker med

dine problemer. Lad problemerne hvile en tid – og de vil måske løse sig selv; men se til, at *du* ikke hviler så længe, at din skelneevne går tabt. Brug hellere disse hvileperioder til at gå dybt ind i dit rolige indre Selv. Når du er i samklang med din sjæl, vil du være i stand til at tænke på den rigtige måde over alt, hvad du gør; og hvis dine tanker og handlinger har været forkerte, kan de blive gjort rigtige. Denne kraft af guddommelig harmoni opnås ved øvelse og udholdenhed.

VILJEN ER DYNAMOEN

——

Sammen med den positive tænkning skal du bruge viljestyrke og vedholdende bestræbelse for at opnå succes. Enhver ydre manifestation er et resultat af vilje, men den kraft bliver ikke altid brugt bevidst. Der findes en mekanisk vilje og en bevidst vilje. Det, der er drivkraften bag alle dine evner, er din vilje. Uden vilje kan du hverken gå, tale, arbejde, tænke eller føle. Derfor er viljen kilden til alle dine handlinger. (Hvis du ikke brugte viljens kraft, ville du være fuldstændig inaktiv, både fysisk og mentalt. Selv for at bevæge en hånd, skal du bruge din vilje. Det er umuligt at leve uden at bruge denne kraft).

Mekanisk vilje er en ubevidst brug af viljestyrke. Bevidst vilje er en skabende kraft forbundet med beslutsomhed og anstrengelse, en dynamo som bør være styret af visdom.

Efterhånden, som du træner dig selv i at bruge din vilje bevidst og ikke mekanisk, skal du sikre dig, at du bruger din vilje konstruktivt og ikke til skadelige formål eller ligegyldige tilegnelser.

For at opnå dynamisk viljestyrke, skal du beslutte dig for at gøre nogle af de ting i livet, som du aldrig troede, du ville være i stand til. Prøv først med noget enkelt. Efterhånden som din selvtillid bliver større og din vilje mere dynamisk, kan du stille dig selv større opgaver. Sørg for, at du vælger de rigtige ting, og tro på, at det vil lykkes for dig. Brug hele din viljestyrke til at beherske én ting ad gangen; spred ikke din energi, og efterlad ikke noget halvgjort blot for at starte på noget nyt.

DU KAN BEHERSKE DIN SKÆBNE

———

Sindet er skaberen af alting. Du bør derfor lede det til kun at skabe det gode. Hvis du holder fast i én bestemt tanke med dynamisk viljestyrke, vil den efterhånden antage en håndgribelig ydre form. Når du bliver i stand til altid at bruge din vilje udelukkende til konstruktive formål, vil du blive i stand til at *beherske din egen skæbne.*

Jeg nævnte ovenfor tre vigtige måder, du kan gøre din vilje dynamisk på: (1) Vælg en enkel opgave eller en færdighed, som du aldrig har behersket før, og beslut, at det vil lykkes for dig; (2) sørg for, at du har valgt noget konstruktivt og gennemførligt, og afvis så enhver tanke om nederlag; (3) koncentrer dig om en enkelt opgave og brug alle dine evner og muligheder på at opnå det.

Men inderst inde skal du altid føle dig sikker på, at det, du vil, er rigtigt for dig, og at det er i overensstemmelse med Guds plan. Så kan du bruge hele din viljestyrke på at nå dit mål. Dog skal dit sind være koncentreret om tanken om Gud – Kilden til al kraft og alle bedrifter.

FRYGT SVÆKKER DIN
LIVSKRAFT

————

Den menneskelige hjerne er en guldgrube af livskraft. Denne kraft er konstant aktiv: Den bruges til at bevæge musklerne og holde hjertet, lungerne, mellemgulvet, cellernes stofskifte og den kemiske proces i blodet i gang samt til at vedligeholde nervernes sensoriske system. Ud over det kræver tankevirksomhed, følelser og vilje kolossalt meget livskraft.

Frygt svækker denne livskraft; det er én af den dynamiske viljes største fjender. Frygt forårsager, at livskraften, som normalt flyder konstant gennem nerverne, bliver presset ud, så nerverne næsten bliver lammet, og hele legemets vitalitet bliver formindsket. Frygt hjælper dig ikke til at blive fri for det, du er bange for; den svækker blot din viljestyrke. Frygt får hjernen til at sende hæmmende budskaber til alle legemets organer. Den hæmmer hjertet, passiviserer fordøjelsen og forårsager mange andre fysiske forstyrrelser. Når din bevidsthed er forankret i Gud, vil du ikke opleve nogen frygt; enhver forhindring vil blive overvundet med mod og tillid.

Et "ønske" er *begær uden energi.* Efter et ønske kommer måske "hensigt" – en plan om at foretage handlinger for at opfylde et ønske eller begær. Men "vilje" betyder: "Jeg *handler,* indtil jeg får mit ønske opfyldt." Når du træner din viljestyrke, frigør du livskraft – det gør du derimod ikke ved blot passivt at ønske at nå et mål.

NEDERLAG BØR STIMULERE BESLUTSOMHED

———

Selv nederlag bør stimulere din viljestyrke og din materielle og åndelige udvikling. Når noget er mislykkes for dig, hjælper det at analysere alle faktorer i situationen for at forhindre, at du gentager de samme fejl i fremtiden.

Lige netop, når du har oplevet fiasko, har du de allerbedste muligheder for at grundlægge succes. Skæbnens hammer kan give dig nogle knubs, men hold alligevel hovedet højt. Prøv altid *én gang til*, ligegyldigt hvor mange gange du har fejlet. Kæmp, selv når du tror, du ikke længere kan kæmpe, eller når du mener, du allerede har gjort dit bedste, eller indtil dine bestræbelser bærer frugt. Denne lille historie illustrerer dette.

A og B sloges. Efter et stykke tid sagde A til

sig selv: "Jeg kan ikke fortsætte længere." Men B tænkte: "Bare ét slag mere." Han slog én gang til, og A gik i gulvet. Det er sådan, du skal være: Den, der slår det sidste slag. Brug din uovervindelige viljestyrke til at overvinde alle livets vanskeligheder.

Nye bestræbelser efter nederlag resulterer i sand udvikling. Men bestræbelserne skal være nøje planlagt, og du skal give dem stadig mere intens opmærksomhed og bruge hele din dynamiske viljestyrke.

Antag, at du indtil nu faktisk *har* lidt nederlag. Det ville være dumt blot at give op og acceptere nederlaget som "skæbnebestemt". Det er bedre at dø mens du kæmper, end at opgive dine bestræbelser mens der stadig er mulighed for at opnå noget mere; for selv hvis du dør, vil du snart kunne fortsætte dine bestræbelser i et andet liv. Succes og nederlag er de retfærdige resultater af, hvad du har gjort tidligere, *plus* hvad du gør nu. Derfor bør du stimulere alle de successkabende tanker, du har haft i tidligere liv, indtil de er vækket til live og i stand til at nedkæmpe alle nederlagstilbøjeligheder i dette liv.

En succesrig person kan godt have haft flere alvorlige vanskeligheder at kæmpe med end én, der har lidt nederlag, men den første har trænet sig selv til altid at modstå tanker, der fører til nederlag. Du bør flytte din opmærksomhed væk fra nederlag og hen mod succes, væk fra ængstelse og hen mod sindsro, væk fra omflakkende tanker og hen mod koncentration, væk fra rastløshed og hen mod fred og endelig fra fred til guddommelig indre lyksalighed. Når du opnår dette stadie af selverkendelse, vil meningen med dit liv være opfyldt på det vidunderligste.

NØDVENDIGHEDEN AF
SELVANALYSE

En anden metode til at opnå fremskridt på er selvanalyse. Selviagttagelse er et spejl, der viser afkroge af dit sind, som ellers ville forblive skjulte. Undersøg dine fejltagelser og find frem til de gode og dårlige tilbøjeligheder. Undersøg, hvad du er, hvad du ønsker at blive, og hvilke svagheder, der forhindrer dig i det. Beslut dig for, hvad dit vigtigste mål er – det, som er din mission i livet. Bestræb dig på at blive til det du bør, og det du gerne vil. Når du fastholder sindet på tanken om Gud og samstemmer dig selv med Hans vilje, vil du med sikkerhed udvikle dig mere og mere på din vej.

Dit egentlige mål er at finde din vej tilbage til Gud, men du har også en opgave at udføre i den ydre verden. Viljestyrke forbundet med initiativ vil hjælpe dig til at opdage og udføre denne opgave.

Initiativets kreative kraft

———

Hvad er initiativ? Det er en kreativ evne i dig, en gnist af den Uendelige Skaber. Den kan give dig kraften til at skabe noget, som ingen anden har skabt. Den tilskynder dig til at gøre tingene på en ny måde. En initiativrig persons bedrifter kan blive så storslåede som stjerneskud. Ved at skabe noget ud af ingenting demonstrerer man, at det tilsyneladende umulige kan blive muligt ved brug af Åndens store skabende kraft.

Initiativ gør dig i stand til at stå på egne ben, fri og uafhængig. Det er én af forudsætningerne for succes.

Se Guds billede i alle mennesker

———

Mange mennesker kan sagtens bære over med deres egne fejl, men dømmer andre mennesker hårdt. Vi bør vende denne indstilling om, så vi bærer over med andres mangler, men derimod gransker vores egne med strenge øjne. Af og til er det nødvendigt at analysere andre mennesker; i så fald er det vigtigt at huske at holde vores tanker fri af fordomme. Et fordomsfrit sind er som et klart spejl, hvor billedet står stille. Forhastede domme vil derimod få billedet til at flimre og blive uskarpt. Ethvert menneske, som reflekteres i det fordomsfrie sinds spejl, vil fremvise et sandt billede.

Lær at se Gud i alle mennesker, uanset race eller tro. Først når du begynder at føle samhørighed med ethvert menneskeligt væsen, ved du, hvad guddommelig kærlighed er. Når vi står til tjeneste for hinanden, glemmer vi vores lille selv og ser et glimt af det uendelige Selv, Ånden som forener alle mennesker.

Tankens vaner
kontrollerer vores liv

Succes kan fremskyndes eller forsinkes af vores vaner.

Det er ikke så meget dine forbigående indskydelser eller geniale idéer, der kontrollerer dit liv. Det er snarere dine tankemæssige vaner i hverdagen. Tankevaner er en sindsmagnet, som drager bestemte ting, mennesker og omstændigheder til dig. Gode tankevaner gør dig i stand til at tiltrække fordele og muligheder. Dårlige tankevaner tiltrækker materialistiske personer og dårlige omgivelser.

Svæk en dårlig vane ved at undgå alt, som fremkalder eller stimulerer den *uden at komme til at koncentrere sindet på den i din iver for at undgå den.* Led så dit sind i retning af en god vane og kultiver den vedholdende, indtil den bliver en pålidelig bestanddel af dig.

Der er altid to kræfter, som kæmper imod hinanden i os. Den ene kraft frister os til at gøre ting, som vi ikke bør gøre; og den anden tilskynder os til at gøre de ting, som vi bør gøre, de ting, som synes vanskelige. Den ene stemme er af det onde, og den anden er af det gode, eller Gud.

Igennem vanskelige daglige erfaringer vil du på et tidspunkt klart se, at dårlige vaner gøder de endeløse materielle ønskers træ, mens gode vaner gøder den åndelige stræbens træ. Du bør i stadig højere grad koncentrere dine bestræbelser om at få det åndelige træ til at gro, så du en dag kan høste selverkendelsens modne frugt.

Hvis du er i stand til at frigøre dig selv fra alle slags dårlige vaner, og hvis du er i stand til at gøre det gode, fordi du ønsker at gøre godt, og ikke kun fordi ondt bringer sorg, så gør du virkelig fremskridt på den åndelige vej.

Det er kun når du aflægger dine dårlige vaner, at du virkelig bliver et frit menneske. Indtil du er en sand mester, i stand til at beherske dig selv og gøre de ting, som du bør gøre, men egentlig ikke har lyst til, er du ikke en fri sjæl. *I selvkontrollens kraft ligger kimen til evig frihed.*

Jeg har nu nævnt forskellige vigtige forudsætninger for at opnå succes – positiv tænkning, dynamisk vilje, selvanalyse, initiativ og selvkontrol. Mange populære bøger betoner én eller flere heraf, men undlader at betone vigtigheden af den Guddommelige Kraft bag dem. *Harmoni med den Guddommelige Vilje er den vigtigste forudsætning for at opnå succes.*

Guddommelig Vilje er den kraft, som bevæger universet og alting i det. Det var Guds vilje, som kastede stjernerne ud i rummet. Det er Hans vilje, som holder planeterne i deres bane, og som styrer kredsløbet af fødsel, vækst og forfald i alle livsformer.

Paramahansa Yogananda

Den Guddommelige Viljes

kraft

———

Den Guddommelige Vilje er grænseløs; den virker igennem love, både kendte og ukendte, naturlige og tilsyneladende mirakuløse. Den kan ændre skæbnens kurs, vække de døde, kaste bjerge i havet og skabe nye solsystemer.

Da mennesket er skabt i Guds billede, besidder vi også denne viljekraft, som kan udrette alt. At opdage, hvordan man kan komme i harmoni med den Guddommelige Vilje igennem korrekt meditation[1], er menneskets højeste forpligtelse.

[1] "Meditation er den særlige form for koncentration, hvor opmærksomheden igennem videnskabelige yogateknikker er blevet befriet fra den rastløshed, som udspringer af kropsbevidstheden, og i stedet bliver fokuseret på Gud uden distraktioner. Self-Realization Fellowships lektioner giver en detaljeret instruktion i denne form for videnskabelig meditation. *(Udgiverens anmærkning)*

Den menneskelige vilje leder os på afveje, når den følger en forkert vejledning; men hvis den bliver styret af visdom, er den menneskelige vilje i harmoni med den Guddommelige Vilje. Guds plan for os bliver ofte forstyrret af konflikter i livet, og på den måde mister vi den indre vejledning, som kan redde os fra afgrunde af elendighed.

Jesus sagde: "Din vilje ske." Når vi mennesker bringer vores vilje i harmoni med Guds vilje, som er styret af visdom, benytter vi os af Guddommelig Vilje. Igennem korrekte meditationsteknikker, udviklet for længe siden af Indiens vismænd, kan alle mennesker opnå perfekt harmoni med den Himmelske Fars vilje.

Fra universets overflod

Ligesom al kraft ligger i Hans vilje, således flyder også alle åndelige og materielle gaver fra Hans uendelige overflod. For at kunne modtage Hans gaver, skal du bandlyse alle tanker om begrænsning og fattigdom fra dit sind. Det Universelle Sind er perfekt og kender ikke til mangel; for at opnå denne aldrig svigtende forsyning, skal du opretholde en bevidsthed om overflod. Selv om du ikke aner, hvorfra den næste krone skal komme, skal du afvise al bekymring. Hvis du gør din del og stoler på, at Gud vil gøre Sin, vil du opleve, at gådefulde kræfter kommer dig til hjælp, og at dine konstruktive ønsker vil materialisere sig. Denne tillid og bevidsthed om overflod opnås igennem meditation.

Eftersom Gud er kilden til al mental kraft, fred og rigdom, *skal du ikke handle, før du har kontaktet Gud.* På den måde kan du bruge din vilje og handling til at nå dine højeste mål. Ligesom du ikke kan tale igennem en ødelagt mikrofon, kan du heller ikke sende bønner igennem en mental mikrofon, som forvrænger budskabet på grund af rastløshed. Du bør reparere dit sinds mikrofon ved hjælp af dyb fred og derved udvide din intuitions evne til at modtage. På den måde vil du blive i stand til at sende effektivt til Ham og modtage Hans svar.

Paramahansa Yogananda

Meditationens vej

———

Når du har repareret din mentale radio og er i rolig harmoni med konstruktive vibrationer, hvordan kan du så bruge den til at nå Gud? Den korrekte meditationsmetode er vejen.

Ved hjælp af koncentration og meditation kan du lede dit sinds uendelige kraft til at opnå det, du ønsker og til at værne dig mod fejltagelser. Alle succesrige mænd og kvinder bruger meget tid på dyb koncentration. De er i stand til at dykke dybt ind i deres bevidsthed for at finde sande perler af løsninger på de problemer, de står over for. Hvis du lærer, hvordan du kan trække din opmærksomhed tilbage fra alt det, som forstyrrer dig, og i stedet koncentrere den om ét mål, så vil også du blive i stand til med viljens kraft at tiltrække det, du har behov for.

Før du går i gang med et vigtigt forehavende,

så sæt dig roligt, hold dine sanser og tanker i ro og mediter dybt. Så vil du blive vejledt af Åndens store kreative kraft. Derefter bør du bruge alle nødvendige materielle midler til at opnå dit mål.

De ting, du har brug for i livet, er dem der kan hjælpe dig til at opfylde dit vigtigste mål. Ting, du *godt kunne tænke dig at have,* men ikke *behøver,* kan måske lede dig væk fra dette mål. Det er kun, når du lader alting underordne sig dit hovedmål, at du opnår succes.

SUCCES KAN MÅLES MED LYKKE

———

Overvej, om opfyldelsen af det mål, du har sat dig, vil bringe succes. Hvad *er* succes? Hvis du besidder sundhed og rigdom, men har problemer med alle andre mennesker (inklusive dig selv), er dit liv ikke succesrigt. Tilværelsen bliver nytteløs, hvis du ikke kan finde lykke. *Når rigdom er tabt, har du mistet lidt; når helbredet er tabt, har du mistet noget af større betydning; men når du har mistet fred i sindet, har du mistet den største skat.*

Succes bør derfor måles med lykkens målestok; ved din evne til at være i fredfyldt harmoni med de kosmiske love. Succes kan ikke måles med verdslige standarder som rigdom, prestige og magt. Ingen af disse ting bringer lykke, medmindre de bliver brugt rigtigt. For at bruge dem korrekt, skal man besidde visdom og kærlighed til Gud og mennesker.

Gud belønner og straffer dig ikke. Han har givet dig magt til at belønne og straffe dig selv ved hjælp af brug eller misbrug af din egen fornuft og viljestyrke. Hvis du bryder sundhedens, rigdommens og visdommens love, vil du uundgåeligt komme til at lide af sygdom, fattigdom og uvidenhed. Men du kan styrke dit sind og nægte at bære den byrde af mental og moralsk svaghed, som du har oparbejdet i fortiden; brænd dem med din nuværende guddommelige beslutsomheds ild og rigtige handlinger. Ved hjælp af denne konstruktive holdning vil du opnå frihed.

Lykke afhænger i nogen grad af ydre omstændigheder, men mest af mentale indstillinger. Hvis man vil være lykkelig, kræver det, at man har et godt helbred, et harmonisk sind, et rigt liv, det rigtige arbejde, et taknemligt hjerte og frem for alt visdom og kendskab til Gud.

En stærk beslutsomhed om at være lykke-
lig vil hjælpe dig. Lad være med at vente på, at
omstændighederne skal ændre sig i den falske
tro, at det er dem, der er problemet. Gør ikke
utilfredshed til en kronisk vane, som du belaster
dig selv og dine nærmeste med. Det er en velsig-
nelse både for dig selv og andre, hvis du er lyk-
kelig. Hvis du besidder lykke, besidder du alting;
at være lykkelig er at være i harmoni med Gud.
Denne egenskab opnås gennem meditation.

GUDS KRAFT SKAL VÆRE BAG
DINE BESTRÆBELSER

Frigiv den kraft du allerede besidder til kon-
struktive formål, og mere vil komme. Gå fremad
på din vej med ubøjelig målbevidsthed og brug
alle muligheder for at opnå succes. Bring dig i
harmoni med Åndens kreative kraft. Så vil du
være i kontakt med den Uendelige Intelligens,
som er i stand til at lede dig og løse alle pro-
blemer. Kraften fra din indre dynamiske Kilde
vil flyde uophørligt, så du vil være i stand til at
handle rigtig hvad du end gør.

Du bør sidde i stilhed, før du træffer en vig-
tig beslutning, og bede den Himmelske Far om
Hans velsignelse. Så vil der bag din kraft være
Guds kraft; bag dit sind, Hans sind; bag din vilje,
Hans vilje. Når Gud arbejder sammen med dig,
kan du ikke fejle; enhver evne, du besidder, vil

blive styrket. Når du gør dit arbejde med henblik på at tjene Gud, får du Hans velsignelse.

Hvis dit arbejde i livet er beskedent, skal du ikke undskylde det. Vær stolt, fordi du opfylder den pligt, som Faderen har givet dig. Han har brug for dig på netop din plads; alle mennesker kan ikke spille den samme rolle. Så længe du arbejder for at glæde Gud, vil alle kosmiske kræfter stå sammen om at hjælpe dig.

Når du overbeviser Gud om, at du ønsker Ham frem for alt andet, vil du være i harmoni med Hans vilje. Når du fortsætter med at søge Ham, ligegyldigt hvilke vanskeligheder der måtte stille sig i vejen for det, bruger du din menneskelige vilje i dens mest konstruktive form. Du vil da handle efter den lov om succes, som de gamle vismænd kendte til, og som forstås af alle, der har opnået sand succes. Den guddommelige kraft er din, hvis du virkelig gør en indsats for at bruge den til at opnå sundhed, lykke og fred. Når du sætter dig disse mål, vil du bevæge dig fremad på vejen til Selverkendelse til dit sande hjem i Gud.

BEKRÆFTELSE

———

Himmelske Far, jeg vil tænke, jeg vil ville, jeg vil handle; men led Du mine tanker, min vilje og mine handlinger så jeg gør det som jeg bør gøre.

OM FORFATTEREN

Paramahansa Yogananda (1893-1952) er vidt anerkendt som en af vor tids mest fremstående åndelige personligheder. Han var født i Indien og kom til Amerika i 1920, hvor han i mere end tredive år underviste i Indiens evige videnskab om meditation og kunsten at leve et afbalanceret åndeligt liv. Ved sin højt værdsatte livshistorie, *En yogis selvbiografi*, og hans talrige andre bøger, har Paramahansa Yogananda indført millioner af læsere i Østens udødelige visdom. Under ledelse af en af hans nærmeste disciple, Sri Mrinalini Mata, bliver hans åndelige og humanitære arbejde videreført af Self–Realization Fellowship[1], det internationale samfund som han grundlagde i 1920 for at sprede sin lære i hele verden.

---

[1] Direkte oversat "Fællesskabet for Selverkendelse". Paramahansa Yogananda har forklaret at navnet Self–Realization Fellowship betyder "Fællesskab med Gud igennem Selverkendelse, og venskab med alle sandhedssøgende sjæle". Se også "Mål og idealer for Self-Realization Fellowship".

BØGER PÅ DANSK AF PARAMAHANSA YOGANANDA

En yogis selvbiografi

Loven om succes

Metafysiske meditationer

BØGER PÅ ENGELSK AF PARAMAHANSA YOGANANDA

Kan købes hos boghandlere eller direkte fra forlaget:

Self-Realization Fellowship
3880 San Rafael Avenue
Los Angeles, California 90065-3219
Tel (323) 225-2471 • Fax (323) 225-5088
www.yogananda-srf.org

Autobiography of a Yogi

The Second Coming of Christ:
The Resurrection of the Christ Within You
En afslørende kommentar om Jesus og hans oprindelige lære.

God Talks with Arjuna: *The Bhagavad Gita*
En ny oversættelse og kommentar.

Man's Eternal Quest
Første bind af Paramahansa Yoganandas foredrag og uformelle taler.

The Divine Romance
Andet bind af Paramahansa Yoganandas foredrag, uformelle taler og essays.

Journey to Self-Realization
Tredje bind af Paramahansa Yoganandas foredrag og uformelle taler.

Wine of the Mystic:
The Rubaiyat of Omar Khayyam —
A Spiritual Interpretation
En inspireret kommentar som kaster lys over den mystiske videnskab om samvær med Gud.

Where There Is Light:
Insight and Inspiration for Meeting Life's Challenges

Whispers from Eternity
En samling af Paramahansa Yoganandas bønner og guddommelige oplevelser i ophøjet tilstand af meditation.

The Science of Religion

The Yoga of the Bhagavad Gita:
An Introduction to India's Universal Science
of God-Realization

The Yoga of Jesus:
Understanding the Hidden Teachings of the Gospels

In the Sanctuary of the Soul:
A Guide to Effective Prayer

Inner Peace:
How to Be Calmly Active and Actively Calm

To Be Victorious in Life

Why God Permits Evil and How to Rise Above It

Living Fearlessly:
Bringing Out Your Inner Soul Strength

How You Can Talk With God

Metaphysical Meditations
Over 300 åndeligt opløftende meditationer, bønner og
bekræftelser.

Scientific Healing Affirmations
Paramahansa Yogananda præsenterer her en dybtgående
forklaring på videnskabelige bekræftelser.

Sayings of Paramahansa Yogananda
En samling af visdomsord og kloge råd, som viser
Paramahansa Yoganandas oprigtige og kærlige svar til dem
der kom til ham for vejledning.

Songs of the Soul
Paramahansa Yoganandas mystiske digte.

The Law of Success
Forklarer dynamiske principper for at nå livets mål.

Cosmic Chants
Tekst (engelsk) og musik til 60 religiøse sange, med en
indledning som forklarer hvorledes åndelig sang kan føre
til fællesskab med Gud.

LYDINDSPILNINGER AF PARAMAHANSA YOGANANDA

Beholding the One in All

The Great Light of God

Songs of My Heart

To Make Heaven on Earth

Removing All Sorrow and Suffering

Follow the Path of Christ, Krishna, and the Masters

Awake in the Cosmic Dream

Be a Smile Millionaire

One Life Versus Reincarnation

In the Glory of the Spirit

Self-Realization: The Inner and the Outer Path

OGSÅ UDGIVET AF
SELF-REALIZATION FELLOWSHIP

Et udførligt katalog over alle Self-Realization Fel-lowships bøger, lydoptagelser og videoindspilninger kan fås ved forespørgsel.

The Holy Science
af Swami Sri Yukteswar

Only Love:
Living the Spiritual Life in a Changing World
af Sri Daya Mata

Finding the Joy Within You:
Personal Counsel for God-Centered Living
af Sri Daya Mata

God Alone:
The Life and Letters of a Saint
af Sri Gyanamata

"Mejda":
The Family and the Early Life of Paramahansa Yogananda
af Sananda Lal Ghosh

Self-Realization
*(et kvartalsvist blad grundlagt af Paramahansa Yogananda
i 1925).*

SELF-REALIZATION
FELLOWSHIPS LEKTIONER

Self-Realization Fellowship lektioner beskriver de videnskabelige meditationsteknikker som Paramahansa Yogananda underviste i, indbefattet Kriya Yoga – så vel som hans vejledning i alt vedrørende et afbalanceret åndeligt liv. For nærmere oplysning skriv venligst efter *"Undreamed-of Possibilities"*, en gratis brochure som fås på engelsk, spansk og tysk.

MÅL OG IDEALER FOR
SELF-REALIZATION
FELLOWSHIP

Som fremsat af grundlæggeren Paramahansa Yogananda
Sri Mrinalini Mata, præsident

1. At udbrede kendskab blandt nationerne til bestemte videnskabelige metoder til at opnå direkte personlig oplevelse af Gud.

2. At belære om, at livets formål er at udvikle menneskets begrænsede dødelige bevidsthed til Gudsbevidsthed gennem egen anstrengelse; og til dette formål at oprette Self-Realization Fellowship-templer for samvær med Gud overalt i verden, og at opmuntre til oprettelsen af individuelle templer for Gud i menneskets hjem og hjerter.

3. At afsløre den fuldstændige harmoni og grundlæggende enhed mellem den oprindelige kristendom, som fremlagt af Jesus Kristus, og den oprindelige yoga, som fremlagt af Bhagavan Krishna; og at vise, at disse sandhedens principper er det fælles videnskabelige grundlag for alle sande religioner.

4. At udpege den ene hellige hovedvej, hvortil alle sande religiøse overbevisningers stier i den sidste ende fører; den daglige, videnskabelige, hengivne meditation over Gud.

5. At udfri mennesket fra dets trefoldige lidelse: fysisk sygdom, mentale disharmonier og åndelig uvidenhed.

6. At opmuntre til "enkel levevis og høj tænkning"; og at udbrede en følelse af broderskab mellem alle folkeslag ved at belære om det evige grundlag for deres enhed: slægtskab med Gud.

7. At demonstrere at sindet er kroppen overlegen, og sjælen er sindet overlegen.

8. At overvinde det onde ved det gode, sorg ved glæde, grusomhed ved venlighed, uvidenhed ved visdom.

9. At forene videnskab og religion ved erkendelse af deres grundlæggende princippers enhed.

10. At fremme kulturel og åndelig forståelse mellem øst og vest, samt udveksling af deres bedste egenskaber.

11. At tjene menneskeheden som sit større Selv.